BEI GRIN MACHT SICH IHR WISSEN BEZAHLT

- Wir veröffentlichen Ihre Hausarbeit, Bachelor- und Masterarbeit

- Ihr eigenes eBook und Buch - weltweit in allen wichtigen Shops

- Verdienen Sie an jedem Verkauf

Jetzt bei www.GRIN.com hochladen und kostenlos publizieren

Bibliografische Information der Deutschen Nationalbibliothek:

Die Deutsche Bibliothek verzeichnet diese Publikation in der Deutschen National-
bibliografie; detaillierte bibliografische Daten sind im Internet über http://dnb.d-
nb.de/ abrufbar.

Impressum:

Copyright © 2013 GRIN Verlag, Open Publishing GmbH
Druck und Bindung: Books on Demand GmbH, Norderstedt Germany
ISBN: 978-3-668-06071-5

Dieses Buch bei GRIN:

http://www.grin.com/de/e-book/307904/nervoese-zeiten-auswirkungen-unserer-
beschleunigten-lebensweise

Julia Siebert

Nervöse Zeiten. Auswirkungen unserer beschleunigten Lebensweise

GRIN Verlag

Inhaltsverzeichnis

1. Einleitung

Meine Ausarbeitung zum Referat „Nervöse Zeiten" beschäftigt sich mit dem Thema der beschleunigten Lebensweise und dessen Auswirkungen. Ich habe mich zur Bearbeitung dieses Themas entschieden, da das beschleunigte Zeitverständnis durch den technischen Fortschritt und die veränderten Lebensweisen immer präsenter wird. Interessant ist, dass bereits in vergangenen Jahrhunderten die Komponente der Zeitbeschleunigung eine signifikante Rolle spielte. Deswegen lohnt sich ein Blick auf vergangene Konzepte und Auseinandersetzungen mit dieser Thematik. Mich interessieren die Auswirkungen auf unsere Lebensumstände, insbesondere auf die der Kindheit.

Meine Arbeit ist systematisch aufgebaut. Jedes Kapitel baut auf dem vorherigen thematisch und inhaltlich auf. Am Anfang meiner Arbeit skizziere ich die Entstehung von Stressphänomenen und gebe einen kurzen Einblick in mögliche Stressbewältigungstechniken. Dieses Kapitel dient als Grundlage meiner Arbeit. Anschließend gebe ich einen Einblick in Auswirkungen der Stressphänomene, wobei die Neurasthenie und die Angstneurose zum Gegenstand der Analyse gemacht werden. Dann werden die Auswirkungen auf Kindheit transparent. Zum Schluss meiner Arbeit stelle ich die Ergebnisse gebündelt vor und nehme differenziert Stellung zu dem Thema meiner Ausarbeitung.

In meiner Ausarbeitung stützte ich mich auf mehrere literarische Quellen. Meine Ausarbeitung basiert auf dem englischen Text „Neurasthenia, or nervous exhaustion" veröffentlich 1869 von G. Beard, auf dem Textauszug von Sigmund Freud (1885) „Über die Berechtigung, von der Neurasthenie einen bestimmten Symptomkomplex als Angstneurose abzutrennen", auf dem Buch „Die Angstneurose. Mit zwei Analysen nach Freud und Jung" verfasst von Wilhelm Bitter (1971), auf dem von Patricia Resick verfassten Buch „Stress und Trauma. Grundlagen der Psychotraumatologie" (2003), auf dem Buch zur „generalisierten Angststörung" von Volz und Stieglitz aus dem Jahr 2010, auf dem Buch zum „Verhaltenstraining zur Stressbewältigung" von Angelika Wagner-Link aus dem Jahre 2010, auf dem Buch „Lasst Kinder wieder Kinder sein!" von Michael Winterhoff aus dem Jahre 2011 und auf dem Buch „Der überforderte Mensch. Eine Wissensgeschichte vom Stress zum Burnout" geschrieben von P. Kury," aus dem Jahre 2012.

2. Stressphänomene – der überforderte Mensch

Stressphänomene begleiten den Menschen schon über eine längere Zeitspanne. Der bekannte Stressforscher Lennart Levi hat bereits 1964 darauf verwiesen, „dass durch Epidemien, Krieg und Krisen hervorgerufene Herausforderungen in den vergangenen Jahrhunderten um einiges höher gewesen sind als in der Zeit nach 1945" (Kury 2012: 37). Trotzdem sind die Debatten über das Thema Stress allgegenwärtig und interessieren nicht nur Mediziner und Psychiater, sondern auch Politiker. Stress kann aus unterschiedlichen Blickwinkeln betrachtet werden, beispielsweise aus naturwissenschaftlicher Perspektive, welche Stress als physiologisch-hormonelle Reaktion als Anpassungsleistung verstehen. Seit 1950 betrachtet man Stress aus einer wissenschaftlichen Perspektive, denn zu dieser Zeit rückt Stress in den Mittelpunkt der Gesellschaft und wird zum Gesprächsgegenstand (vgl. Kury 2012: 37-38). Jeder Mensch kann durch tägliche Belastungssituationen Stress empfinden. Diese Empfindungen haben dann Auswirkungen auf den Körper. Stress wird von verschiedenen Personen unterschiedlich definiert. „Spielberger (1966) ging davon aus, dass ein Ereignis als Stressfaktor erlebt wird, sobald es psychisch oder physisch als bedrohlich wahrgenommen wird. Holmes und Rahe (1967) nahmen an, dass jede gravierende Veränderung – ob positiv oder negativ – als Stress erlebt wird. In den achtziger Jahren definierten Lazarus und Folkman (1984) Stress als: <<... spezielles Verhältnis zwischen Mensch und Umgebung, welches vom Individuum als überfordernd (bezüglich der eigenen Ressourcen) und als eine Gefahr für sein Wohlbefinden erfahren wird und sein Wohlbefinden gefährdet.>>" (Resick 2003:70). Die Ursachen von Stress können verschiedener Art sein. Der deutsche Nervenarzt Wilhelm Erb bringt die moderne Lebensführungen in Zusammenhang mit psychischem Leiden. Die gesellschaftlichen Rahmenbedingungen haben sich durch die digitalen Medien und den technischen Fortschritt verändert. Die Lebensbedingungen haben sich beschleunigt. Deutschland als Industrienation, ist durch das wirtschaftliche Wachstum besonders gefährdet. Als Folge tritt die Krankheit des Nervensystems, die sogenannte Neurasthenie ein, welche in Kapitel 3 zum Gegenstand der Analyse wird.

Stevan Hobfoll, ein amerikanischer Psychologe und Stressforscher erklärt in seinem Ressourcen- Konservierungs-Modell aus dem 20. Jahrhundert die Entstehung von psychischem Stress. Jeder Mensch strebt danach bestimmte Ressourcen, wie beispielsweise Besitztümer, körperliches Wohlbefinden oder persönliche

Eigenschaften zu erwerben, aufrechtzuerhalten oder zu schützen. Entwickelt sich eine Bedrohung oder ein Verlust solch einer Ressource entsteht eine Stressreaktion des Körpers. Auch nach intensiver aber erfolgloser Bemühung eine Ressource aufrechtzuerhalten kann Stress entstehen. Eine Folge kann die Abnahme des Selbstwertgefühls sein (vgl. Resick (2003): 70-71). Des Weiteren lassen sich zwei Stresskonzepte differenziert betrachten. Auf der einen Seite gibt es das Neurastheniekonzept nach Beard aus dem 19. Jahrhundert, welches als Körperkonzept zu verstehen ist. Er lehnt sich in seinen Überlegungen an die Ermüdungs- und Erschöpfungsforschung. Er begreift psychische und physische Störungen als eine Folge moderner Zivilisation. Dabei stellt er soziale Erklärungsversuche in den Mittelpunkt. Auf der anderen Seite hat Hans Selye Anfang des 20. Jahrhunderts ein physiologisches Stresskonzept entwickelt. Er bedient sich naturwissenschaftlicher Grundlagen und begreift Stress als eine Anpassungsreaktion auf Störungen. Stress als eine Anpassungskrankheit, die durch Selbstregulierungsprozesse und Steuerungsgrößen bestimmt ist (vgl. Kury 2012: 53). Hans Selye arbeitet in seinem Stresskonzept, resultierend aus seinen Untersuchungen, drei Phasen heraus. Während der „Alarmphase" werden erste Reaktionen des Körpers auf die Stressreaktion gezeigt, wobei vom Körper Stresshormone freigesetzt werden. Anschließend folgt die länger andauernde „Widerstandsphase". Reaktionssysteme des Körpers werden aktiv. Der Körper strebt daraufhin wieder ein Gleichgewicht (Homöostase) an. Die dritte Phase ist die „Erschöpfungsphase". Diese Phase wird bei erneut eintretendem Stress erreicht. Das Nervensystem wird stark beansprucht und gesundheitliche Folgeschäden können auftreten. Andauernden Stresssituationen verbrauchen Energien und können chronisch bleibende körperliche Veränderungen hervorrufen. Durch die Ausschüttung von Adrenalin und anderen Hormonen erhöhen sich beispielsweise der Herzschlag und der Blutdruck. Cortisol, wird als das wichtigste Antistress-Hormon angesehen. Es sorgt dafür, dass mehr Nährstoffe in den Blutkreislauf gelangen. Auf Dauer kann dieses Hormon jedoch negative Auswirkungen auf das menschliche Immunsystem haben (vgl. Resick (2003): 70-71).

Um auf diese Stressphänomene zu reagieren, nimmt der Bedarf an systematischen Stressbewältigungstechniken enorm zu. Wenn man von Stressbewältigungstechniken spricht, geht man davon aus, dass Stress immer mehr Raum in der Gesellschaft einnimmt, sodass solche Techniken aus dem Phänomen

Stress resultieren und an Notwendigkeit gewinnen. Es gibt unterschiedliche Verfahren, die einzelne Methoden beinhalten um Stress abzubauen oder mit Stress umzugehen. Außerdem sprechen die Techniken unterschiedliche Zielgruppen an. Ziel dieser Stressbewältigungsprogramme sind es die Menschen für Stress am Arbeitsplatz oder im Privatleben zu sensibilisieren, mit Stress im Alltag besser umzugehen, sich wohlzufühlen, Prävention im Bezug auf Stress zu leisten und Stressreaktionen und Reizbarkeit abzubauen. Es gibt ganz unterschiedliche Stressmodelle. Eines möchte ich im Folgenden exemplarisch und kurz vorstellen: Das Stressmodell nach Lazarus basiert auf den Grundgedanken von Hans Selyes. Das S (Stressauslösende Bedingungen) –O (die Person selbst) –R (Stressreaktion auf unterschiedlichen Ebenen) –K (Stressfolgen) – Modell, kurz S-O-R-K-Modell, fokussiert die individuelle Stressanalyse. Die Teilnehmer sollen so das eigene Stresserleben verstehen können. Zunächst wird eine individuelle Stressanalyse durchgeführt, nach dem S-O-R-K – Schema.

Es folgen Entspannungsübungen, die Reflexion und Offenheit vom Teilnehmer fordern. Anschließend werden individuelle Stressbewältigungstechniken auf kurzfristiger und langfristiger Ebene erlernt, welche dann auf die Stresssituation transferiert werden (vgl. Wagner-Link (2010: 9-20). Bei der kurzfristigen Stressbewältigungstechnik wird der Teilnehmer mit der Stresssituation vertraut gemacht. Die Stresssituation wird erfasst und simuliert, sodass der Teilnehmer einschätzen soll wie belastend die Situation für ihn ist. Dann wird das Zielverhalten definiert und die Situation durchgeführt, sodass das gewünschte Verhalten erprobt werden kann. Anschließend folgt eine Feedbackrunde. Die persönliche Belastungssituation wird dann noch einmal herausgegriffen und eine individuelle Technik soll vom Teilnehmer angewendet werden. Es folgen einige Handlungsproben, in denen sich der Teilnehmer ausprobieren kann, sodass er lernt mit der Situation umgehen. Mögliche kurzfristige Stressbewältigungstechniken können in vier Kategorien unterteilt werden. Der Teilnehmer kann sich abreagieren, beispielsweise durch schreien, durch das Zerknautschen eines Balles oder durch Treppensteigen und Ähnliches. Eine andere Technik ist die Stressbewältigung: Durch Spontanentspannung, durch gezielte Pausen, oder durch die (Ball)Massage, durch Atmung oder auch durch das Einnehmen einer bequemen Haltung, kann der Stresssituation entgegengewirkt werden. Außerdem kann man durch die Wahrnehmungslenkung gezielt auf Stresssituationen reagieren, beispielsweise durch

5

Fantasiereisen oder Spaziergänge. Die letzte Kategorie wäre das positive Selbstgespräch. Dabei ermuntert sich der Teilnehmer selbst und spricht sich gut zu.

Bei den langfristigen Entspannungstechniken sollen funktionelle Beschwerden abgebaut werden, die Muskulatur soll gelockert und die innere Haltung geändert werden. Die langfristige Stressbewältigung lässt sich in fünf Unterkategorien unterteilen. Auf längere Sicht kann Stress durch regelmäßige Entspannungsphasen, beispielsweise durch Muskelentspannung, autogenes Training oder Yoga abgebaut werden. Der Teilnehmer kann an seiner inneren Einstellung etwas ändern, gelassener werden und über das eigene Handeln reflektieren. Des Weiteren sollten Probleme gelöst werden, Überstunden reduziert werden, gewisse Grenzen definiert werden und eine gewisse Planung vorgenommen werden. Um dauerhaft Stress zu bewältigen, müssen soziale Kontakte gepflegt werden und ein Ausgleich zum Alltag und zur Arbeit muss geschaffen werden, was z.b. durch Sport, Urlaub oder Bewegung in der Natur geschehen kann (vgl. Wagner-Link (2010) : 83- 89).

Zusammenfassend gibt es unterschiedliche Methoden und Techniken Stress zu bewältigen und bewusst damit umzugehen.

3. Neurasthenie

Neurasthenie bezeichnet eine psychische Störung. Das Konzept aus den USA zur Neurasthenie verbreitet sich nach 1880 besonders in Deutschland und Österreich. 1890 wandelt sich das Neurastheniekonzept. Es entwickeln sich unterschiedliche Rezeptionsstränge, beispielsweise unter Sigmund Freud, welcher die Neurasthenie als ein Zusammenspiel der Unterdrückung und Verdrängung der Sexualität deutet. Der deutsche Psychiater Emil Kraepelin versteht Neurasthenie als ein soziales und kulturelles Phänomen als Folgeerscheinung der inneren Natur des Menschen. Das soziokulturelle Neurastheniekonzept wird durch die biologische Erklärungsweise, insbesondere in Deutschland verdrängt. Man geht davon aus, dass Neurasthenie erblich bedingte Gründe hat. So geht man in Deutschland davon aus, dass besonders Juden von diesem Phänomen betroffen sind. Kury betont, dass die Neurasthenie nicht nur negative Auswirkungen hat, sie kann auch eine lebensverlängernde Wirkung haben und vor anderen Krankheiten schützen. Um 1900 gilt Neurasthenie durch beschleunigte Lebensweisen als Modekrankheit. Neurasthenie wird als Brücke zwischen belastend empfundenen Lebensumständen und Befindlichkeitsstörungen begriffen, durch die Patienten entlastet werden, da sie nun einen Grund des subjektiv befindlichen Unwohls finden. Nach dem ersten Weltkrieg verliert die Nervenschwäche Neurasthenie allmählich an Bedeutung und Präsenz. Sozioökonomische Gründe sind für den Untergang des Neurastheniekonzeptes verantwortlich, denn nach 1918 fehlte es an Zeit und Geld sich einer intensiven Therapie bzw. Kur zu widmen, somit geraten Krankheiten wie die Neurasthenie in Vergessenheit. Der Begriff Neurasthenie wurde nur noch vereinzelt gebraucht. Der amerikanische Neurologe Georg Beard hat sich im 19. Jahrhundert intensiv mit der Neurasthenie beschäftigt. Diese Befunde und Untersuchungen haben Auswirkungen auf heutige Krankheiten des Nervensystems wie beispielsweise Burn-Out. (vgl. Kury (2012): 39-53). Georg Beard verfasst 1869 im „Boston medical and surgical Journal" einen Artikel, in dem er ausgiebig auf die Neurasthenie eingeht. Neurasthenie ist als Nervenschwäche und psychische Störung zu begreifen. Der Patient ist schnell erschöpft und überfordert, dieser Zustand kann auch durch Ausruhen vorübergehend nicht geändert werden. Die Neurasthenie hat Schnittstellen zur Anomie, Depression und Angstzuständen und ist oft nicht eindeutig zu diagnostizieren. Dr. Fordyce Baker hat das erste Mal den Begriff der Neurasthenie gebraucht, sodass dieser sich in der Medizin etabliert hat. Georg Beard beschäftigte sich intensiv mit der Thematik, sodass er unterschiedliche Ausprägungen und Phasen der Krankheit erkannt hat. Der Begriff Neurasthenie geht auf die Stärke der Nerven zurück. Beard grenzt in diesem Zusammenhang die Anomie ab und stellt fest, dass Anomie aus Neurasthenie resultiert. Symptome der Neurasthenie sind Verdauungsstörungen, Kopfschmerzen, partielle Lähmungserscheinungen, Schlaflosigkeit, Nervenschmerzen, Stoffwechselerkrankungen, Menstruationsbeschweren, Ausfälle von körperlichen Funktionen, Hysterie, und vor allem ein chronisches Erschöpfungs- oder Müdigkeitsgefühl. Am häufigsten tritt die Krankheit in zivilisierten und intellektuellen Gesellschaften auf und hangt von den unterschiedlichen Faktoren ab. Meistens sind vergangene dauerhafte Belastungssituationen der Grund der Erkrankung. Es handelt sich um ein gesellschaftliches Problem, welches oft aus modernen Lebensweisen resultiert. Da das Nervensystem an Stärke verliert, wird dem Patient oft ein kräftigendes Mittel verabreicht, welches Auswirkungen auf das Nervensystem hat. Mehrfach nehmen die Patienten Opium, eine Droge, ein, um sich von ihrem Leiden zu befreien. Es gibt nicht nur die Möglichkeit den Patienten durch Medikamente zu helfen, auch

Methoden wie die allgemeine Elektrotherapie können helfen. Elektrische Impulse strömen in den Kopf bzw. das Gehirn und in die Wirbelsäule. Die Lebenskraft wird durch diese Methode gestärkt und Nervenstärke aufgebaut. Diese Methode wird aus heutiger Sicht wissenschaftlich in Frage gestellt, denn die Wirkung dieser Ströme sind nicht eindeutig positiv zu sehen.

Die Krankheit kann chronisch werden und bei Nichtbehandlung bis zum Tode führen, weshalb Untersuchungen unbedingt notwendig und sinnvoll sind. Nicht nur die Umwelt beschleunigt die Krankheit, auch erbliche Gegebenheiten können ein Grund sein. Weitere Gründe können Trauerfälle im engeren Umfeld, der Beruf, die Familie, die Geburt oder Abtreibung, hohe gesellschaftliche Erwartungen, eine Vergewaltigung, sowie Drogen oder Unterernährung sein. Bei chronischer Neurasthenie treten Symptome wie Querschnittslähmung, Geisteskrankheiten und Verdauungsstörungen auf. Es gibt Menschen, die die Hälfte ihres Lebens an Neurasthenie leiden.

Zusammenfassend schreibt Georg Beard bereits im Jahre 1869, dass Neurasthenie an Bedeutung gewonnen hat. Zur Behandlung hebt er nervenstärkende Mittel und die Elektrotherapie als Methoden hervor (vgl. Beard (1869) 217-221).

4. Angstneurosen und die Abgrenzung zur Neurasthenie

Das Gefühl Angst signalisiert und vermeidet Gefahrensituationen. Somit ist es eine sinnvolle und überlebenswichtige Emotion. Der Körper reagiert auf Gefahrensituationen mit maximaler Leistungskraft. Die Auslöser für Angst haben sich innerhalb der letzten Jahrzehnte aufgrund geänderter Lebensbedingungen erheblich geändert. Früher wurden auf lebensbedrohliche Gefahren mit Angst reagiert, wobei es sich heutzutage eher um zwischenmenschliche Auseinandersetzungen handelt, die Angst auslösen. Der Körper reagiert auf Gefahrensituationen in unterschiedlicher Weise. Es können beispielsweise physiologische Veränderungen, wie ein erhöhter Herzschlag auftreten, aber auch Reaktionen des Nervensystems sind denkbar. Dabei ist zu beachten, dass Angst als zentrales Persönlichkeitsmerkmal unterschiedlich ausgeprägt ist. Ab dem Grundschulalter kann man davon ausgehen, dass reale Angstmuster, z.B. die Angst vor Krankheiten ausgebildet werden (vgl. Volz/Stieglitz (2010) 1-4).

Der Psychoanalytiker Sigmund Freud hat sich mehrfach mit der Thematik der Angstneurose beschäftigt und betrachtete die Entstehung dieser psychischen

Störung. Seine ersten Überlegungen stammen bereits aus dem 19. Jahrhundert. Er geht davon aus, dass die Angst aus der Libido resultiert. Unbewusste Impulse werden unterdrückt und die nicht entladene Libido wird in Angst umgewandelt. Das menschliche Triebverlangen wird nicht befriedigt. Aus seinen Überlegungen aus dem Jahre 1885 geht hervor, dass Angst entweder aus stark hereditärer Belastung oder durch erworbene Angstneurosen entsteht, welche Einfluss auf das Sexualleben nehmen können. Freud unterscheidet zwischen nervösen Erscheinungen, die keine echte Erschöpfungsneurose darstellen und der echten Neurasthenie. Manche Symptome gehen jedoch fließend ineinander über. Sigmund Freud versucht Symptome der Angstneurose von der Neurasthenie abzugrenzen. Er beschreibt anhand einiger signifikanter Merkmale das klinische Bild der Angstneurose. Zunächst stellt er die Reizbarkeit als zentrales Merkmal der Angstneurose heraus: Erregungen werden angehäuft und können nicht abgebaut werden. Daraus resultiert eine gesteigerte Reizbarkeit durch Überempfindlichkeit gegen beispielsweise Geräusche. Ein weiteres Merkmal der Angstneurose ist die ängstliche Überempfindsamkeit. In jedes mögliche Zeichen wird etwas hineininterpretiert, z.B. wird das Läuten der Glocken mit einer Trauerbotschaft in Verbindung gebracht. Der Patient neigt zu einer pessimistischen Auffassung der Dinge. Außerdem prägen den Patienten ängstliche Erwartungen im Bezug auf die eigene Gesundheit. Des Weiteren leidet der Patient an Angstanfällen, die durch Angstgefühle, Parästhesie, unangenehme Körperempfindungen und Störungen von Körperfunktionen geprägt sind. Der Patient klagt über verschiedene Beschwerden wie Störungen der Herztätigkeit und der Atmung, Anfälle von Schweißausbrüchen und Heißhunger, Schlaflosigkeit, sowie Schwindelgefühle.

Einige Patienten leiden auch unter chronischer Ängstlichkeit. Es lassen sich zwei Gruppen typischer Phobien unterscheiden. Bei der Angst vor physiologischer Bedrohung, wird die Angst als verstärkte Abneigung begriffen. In den meisten Fallen wird die Angst durch erlebte Angstsituationen ausgelöst. Die andere Gruppe ist die Agoraphobie, wobei der Klient Angst und Furcht an bestimmten Orten spürt. Diese Symptome der Zwangsneurose lassen sich der Angstneurose zurechnen. Außerdem lassen sich charakterliche Störungen feststellen sowie Brechneigungen und Durchfall verzeichnen. Im Gegensatz dazu steht die verstärkte Verstopfungsgefahr, die bei der Neurasthenie oft auftritt. Die Angstneurose hat einige Ähnlichkeiten zur Hysterie: Die

Schmerzempfindlichkeit ist gesteigert und man neigt zur Halluzinationen. Mehrere der genannten Symptome treten in chronischer Weise auf.

Sigmund Freund meint, dass die Angstneurose, wenn sie nicht erblich bedingt ist, Einflüsse auf das Sexualleben und das Nervensystem des Menschen, wobei Frauen und Männer getrennt zu betrachten sind, hat. Frauen verspüren eine „virginale Angst", ausgelöst durch die „plötzliche Enthüllung des bisher Verschleierten, z.B. durch den Anblick eines sexuellen Aktes" (Freud (1885): 325). Manche Frauen verspüren anfängliche Angst vor einer Lebensgemeinschaft oder Geschlechtverkehr, da sie empfindungslos sind. Durch abgebrochene Geschlechtsakte („coitus interruptus") und zurückgehaltene Samenergüssen können Mann und Frau in unterschiedlicher Weise an Angstneurosen leiden. Frauen erkranken eher durch unzureichende Befriedigung an Angstneurose, wohingegen Männer eher unter abnehmender Potenz, aber zugleich gesteigerter Libido an Angstneurosen erkranken. Angstneurosen können sich an Stellen einer anderen Neurose setzen z.B. an Stelle der Neurasthenie. Des Weiteren kann der Mann auf den Tod des Vaters , durch Rücksichtnahme auf die Frau während Sexaktes oder durch den Verlust eines Kindes mit der Angstneurose reagieren.

Zusammenfassend stellt die Angstneurose eine Anhäufung von Erregungen dar. Der Patient ist unfähig entstandene Erregungen auszugleichen. Diese Erregungen werden nicht durch einen einmaligen oder wiederholten Schreck ausgelöst, denn dieser würde eine Hysterie oder einen traumatische Neurose hervorbringen. Außerdem hebt sich der „coitus interruptus", der unterbrochene Sexakt als Grund hervor. Des Weiteren kann eine Verminderung der sexuellen Libido zur Angstneurose führen. Um den Mechanismus der Angstneurose zu verstehen kann man einen Vergleich mit dem geschlechtsreifen männlichen Organismus herstellen. Die Sexualerregung baut sich als Druck auf und wirkt sich auf die Nerven aus, das Nervensystem muss von diesem Druck befreit werden. Neurasthenie würde entstehen, wenn sexuelle Lust des Öfteren durch einen unbewussten Orgasmus befriedigt werden würde. Bei der Angstneurose wird die psychische Verarbeitung der körperlichen Sexualerregungen verhindert. Die Psyche des Menschen gerät in Angst, wenn diese sich nicht in der Lage fühlt anstehende Aufgaben zu bewältigen. Sigmund Freud hält abschließend fest, dass Angstsymptome mit Symptomen der Neurasthenie, der Hysterie, der Zwangsvorstellung und der Melancholie fließend sind. Neurasthenie stellt die Verarmung an Erregungen dar, wohingegen

Angstneurosen das Ergebnis der Anhäufung von Erregungen sind (vgl. Freud (1885: 315-342).

Im späteren Verlauf (um 1920) stützt Freud seine Überlegungen auf sein Strukturmodell, in dem er von einem `Es` (Lustprinzip) , dem Unterbewusste, einem `Ich` (Realitätsprinzip) und einem `Über-Ich` (moralische Instanz) ausgeht. Er thematisiert die Ur-Angst, welche sich im Geburtstakt entwickelt und im Laufe des Lebens weiterentwickelt. Wenn das `Es` die Triebbefriedigung verdrängt, tritt eine Störung des inneren Gleichgewichts auf, die Angst auslösen kann. Bei Störungen des `Über-Ichs` entsteht eine Gewissensangst bzw. eine Angst vor Sanktionierung. Treten Probleme beim `Es` und `Über-Ich` auf, verspürt das `Ich` Angst. Dabei werden mehrere Arten von Angst unterschieden: Die Realangst, welche durch äußerliche und bedrohliche Gefahrensituationen hervorgerufen wird und die Angst vor Anforderungen des `Es` und des `Über-Ich`. Die neurotische Angst zeichnet sich dadurch aus, dass Triebansprüche des `Es` vom Individuum nicht bewältigt werden können (vgl. Bitter (1971): 49-52).

5. Beschleunigte Gesellschaft - Auswirkungen auf Kindheit

Der Kinderpsychiater Michel Winterhoff hat sich mit dem Thema Stress und Überforderung im Bezug auf Kinder auseinandergesetzt. Gesellschaftlicher Stress wirkt sich auf Kinder aus. Das zentrale Problem sind die familiären Beziehungsstörungen zwischen Erwachsenen und Kind. Zentrale Probleme, die aus dem Wandel der Gesellschaft resultieren sind zunehmende fehlende Lern- und Leistungsbereitschaft, Probleme des sozialen Miteinanders, Wahrnehmungsprobleme und Probleme beim Übergang von der Schule in das Berufsleben. Fehlende Fähigkeiten wie Lesen, Schreiben und Rechnen führen zu Unruhe und Stress und bedeuten eine höhere Belastung für Eltern, Lehrer und Erzieher. Die meisten Kinder und Jugendlichen sind nicht unerzogen, sondern überfordert. Sie bilden somit neurotische Störungsbilder und Entwicklungsstörungen aus. (vgl. Winterhoff (2011): 9-18).

Während des 20. Jahrhunderts hat sich der Blick auf die Lebensspanne Kindheit sehr gewandelt. Einerseits wird Kinderarbeit verpönt, andererseits wird der wichtige Lebensabschnitt der Kindheit immer mehr verdrängt. „Es ist geradezu erschreckend, wie sehr wir manchmal heute wieder zu einer Sichtweise gelangt zu sein scheinen, in der >die Dauer der Kindheit auf das zarteste Kindesalter beschränkt< ist. Übertrieben gesprochen, hat man heute manchmal den Eindruck, unsere Kinder sollten als laufende, sprechende, denkende, sprich : fertige Individuen auf die Welt kommen. Sie sind kaum den Babyschuhen und dem Strampler entwachsen, da beginnt für sie der Stress. Entscheidungen treffen von morgens bis abends, Probleme bedenken, Zeitmanagement betreiben. All diese Dinge, die sich eindeutig der Erwachsenensphäre zuordnen lassen und nicht einmal dort ausschließlich positiv besetzt sind, muten wir heute Kindern zu" (Winterhoff (2011): 29-30). Der oft partnerschaftliche Umgang mit Kindern kann für Kinder, die in ihrer Entwicklung gestört sind, negative Auswirkungen haben. Schon im frühen Kindesalter sind sie Stresssituationen ausgesetzt, die negative Auswirkungen auf die Psyche haben. Familiäre Entscheidungen werden schon mit Kindern diskutiert, damit sie ins Familienleben involviert werden. Mehrfach wissen die Erwachsenen die Überforderungen solcher Probleme für ein Kind nicht einzuschätzen. Ein Beispiel sind die zahlreichen Angebote, die Kindern sowohl im Kindergarten, als auch in der Grundschule gemacht werden. Die Kinder sollen dann ihren Vormittag selbstständig organisieren und aus den vorhandenen Angeboten auswählen. Diese Freiheit überfordert einige Kinder, da sie noch nicht in der Lage sind Zukünftiges zu organisieren und zu planen, da ihnen die nötigen Erfahrungen fehlen. Ihnen müsste Raum gegeben werden um zünftige Planungen vorzunehmen.

Stress kann sich bereits bei Kindern körperlich und seelisch durch Schlafstörungen, Kopfschmerzen, Übelkeit, oder Angstzustände zeigen. Das Resultat sind psychosomatische und funktionelle Krankheiten, welche durch Störverhalten, Rückzugsverhalten oder durch soziale Schwierigkeiten zum Ausdruck kommen. Kinder versuchen Unruhe und Stresssituationen, durch vertiefte Tätigkeiten wie Spielsituationen, zu entgehen, denn durch äußere Faktoren, die auf das Kind einwirken kann ein inneres Ungleichgewicht entstehen. Stress von Erwachsenen wird auf das Kind übertragen und eine innere Unruhe entsteht (vgl. Winterhoff (2011): 26-37).

Die Ausbildung der kindlichen Psyche ist überlebenswichtig um als Erwachsener den Alltag bewältigen und steuern zu können. Wird die Psyche nicht ausreichend entwickelt, dann ist diese nicht in der Lage das Verhalten ausreichend zu reflektieren. Jedes kindliche Entwicklungsstadium ist durch unterschiedliche Weltbilder geprägt. Wichtig dabei ist, dass das Kind sich am Erwachsenen orientieren kann. Dabei soll die Beziehung zum Kind, im Gegensatz zur Erziehung, im Mittelpunkt stehen. Wenn das Kind beginnt ein Weltbild autonom zu steuern, dann treten Entwicklungsstörungen auf. Entsprechende erzieherische Maßnahmen können die Fehlentwicklung nicht kompensieren (vgl. Winterhoff (2011): 37-46). Durch den stressigen Alltag eines Erwachsenen können Störungen im Bezug zur Beziehung zum Kind entstehen und Druck auf dem Kind lasten. Der psychisch auf Katastrophen eingestellte Erwachsene nimmt das Kind nicht als Individuum, sondern als einen Teil seiner Selbst wahr. Das Stressempfinden nimmt Einfluss auf den Alltag des Kindes. Findet keine altergemäße Entwicklung statt, kann ein Grundschulkind sich auf psychischer Entwicklungsebene von einem Kleinkind verhalten. Kinder lernen mit steigendem Alter Dinge zu filtern und auszublenden, denn dieses Filtern ist für einen Erwachsenen überlebenswichtig um im Alltag zurechtzukommen. Bei einer fehlenden Filtermöglichkeit kann es zur Reizüberflutung kommen, d.h. Unwichtiges kann nicht selektiert werden. Außerdem kann es zu einer fehlenden Fähigkeit führen Zusammenhänge zu erfassen, beispielsweise kann man dann aus Konfliktsituationen nicht lernen.

Strukturen, Ruhe und immer wiederkehrende Abläufe sind wichtig für eine stabile Entwicklung. Eine natürliche Entwicklung kann stattfinden, wenn der Erwachsene intuitiv mit dem Kind in Beziehung tritt. Eine Kölner Studie zu Schlafstörungen bei Kindern ergab, dass 10 % der befragten 4. Klässler angeben unter Schlafstörungen zu leiden, wobei nur 5 % der Eltern diesen Befund bestätigen. Dieses Ergebnis zeigt, dass sich die Wahrnehmung der Eltern signifikant von denen der Kinder unterscheidet. Gründe für die Schlafstörungen sind familiärer Stress, Lärmbelästigung und übermäßiger Fernseh- und Computerkonsum. Das eigene Tun wird unzureichend reflektiert und nimmt Auswirkungen auf die psychische Entwicklung.

Früher haben sich Alltag und dessen Aufgaben von selbst ergeben. Heutzutage wird durch äußere Lebensbedingungen, Stress und Hektik verbreitet, sodass man von einem Termin zum nächsten muss, damit man den Lebensbedingungen Stand halten kann (vgl. Winterhoff (2011): 141- 199).

6. Fazit und Stellungnahme

Ich komme zu dem Ergebnis, dass beschleunige Lebensbedingungen und immer stärker werdender gesellschaftlicher Druck psychische Neurosen hervorrufen. Früher erkrankten Menschen an Neurasthenie oder Angstneurosen aufgrund von

Kriegssituationen, temporären Krisen oder Epidemien. Heute nehmen andere Gründe Einfluss. Erhebliche Veränderungen lassen sich im Bereich der Kindheit feststellen, die von den beschleunigten Lebensstrukturen beeinflusst werden. Wichtig sind Verhaltenstrainings zur Stressbewältigung, die helfen mit den veränderten Bedingungen umzugehen.

Meiner Meinung nach ist es wichtig sich eingehend mit dem Thema auseinanderzusetzen, da mich diese Problematik als Grundschullehrerin begleiten wird. Bei immer mehr Kindern lassen sich Verhaltensauffälligkeiten aufgrund unzureichender psychischer Entwicklung und der Zeitbeschleunigung beobachten, die aus den veränderten Lebensbedingungen der Erwachsenen resultieren. Erwachsene reagieren nicht mehr intuitiv, sondern nehmen durch Planung des Alltags der Kinder erheblichen Einfluss auf deren Lebensweise. Sie erkennen oft nicht welchen Druck sie auf die Kinder auswirken.

Zentral sind äußere gesellschaftliche Bedingungen, die sowohl die kindliche Welt als auch die Erwachsenenwelt beeinflussen, sodass Phänomene wie Stress, Neurasthenie oder Angstneurosen eine zentrale Bedeutung bekommen.

7. Literaturverzeichnis

Bitter, Wilhelm (1971): Die Angstneurose. Mit zwei Analysen nach Freud und Jung. 2. Auflage. Kindler Taschenbücher

Beard, G. (1869). Neurathenia, or nervous exhaustion. Boston medical & Surgery Journal 80, 217-221

Freud, Sigmund (1885). Über die Berechtigung von der Neurasthenie einen bestimmten Symptomkomplex als „Angstneurose" abzutrennen. In: Freud, A. (Hrsg.) Sigmund Freud – Gesammelte Werke Bd.I, 315- 342. Frankfurt/M.: Fischer

Kury, Patrick (2012): Der überforderte Mensch. Eine Wissensgeschichte vom Stress zum Burnout. Frankfurt a.M. : Campus

Resick, Patricia (2003): Stress und Trauma. Grundlagen der Psychotraumatologie. 1. Auflage. Klinische Praxis

Stieglitz, Rolf-Dieter/ Volz, Hans Peter (2010): Generalisierte Angststörung, 1. Auflage, Schattauer Verlag

Wagner-Link, Angelika (2010): Verhaltenstraining zur Stressbewältigung. Arbeitsbuch für Therapeuten und Trainer. 1. Auflage. Klett-Cotta Verlag

Winterhoff, Michael (2011): Lasst Kinder wieder Kinder sein. 1. Auflage. Gütersloher Verlagshaus

BEI GRIN MACHT SICH IHR WISSEN BEZAHLT

- Wir veröffentlichen Ihre Hausarbeit, Bachelor- und Masterarbeit

- Ihr eigenes eBook und Buch - weltweit in allen wichtigen Shops

- Verdienen Sie an jedem Verkauf

Jetzt bei www.GRIN.com hochladen und kostenlos publizieren